Impressum
Verlag: BABADADA GmbH, Nedderfeld 112 , 22529 Hamburg
Geschäftsführer / Verlagsleitung: Harald Hof
Druck: Books on Demand GmbH, In de Tarpen 42, 22848 Norderstedt

Imprint
Publisher: BABADADA GmbH, Nedderfeld 112 , 22529 Hamburg, Germany
Managing Director / Publishing direction: Harald Hof
Print: Books on Demand GmbH, In de Tarpen 42, 22848 Norderstedt

la escuela
school

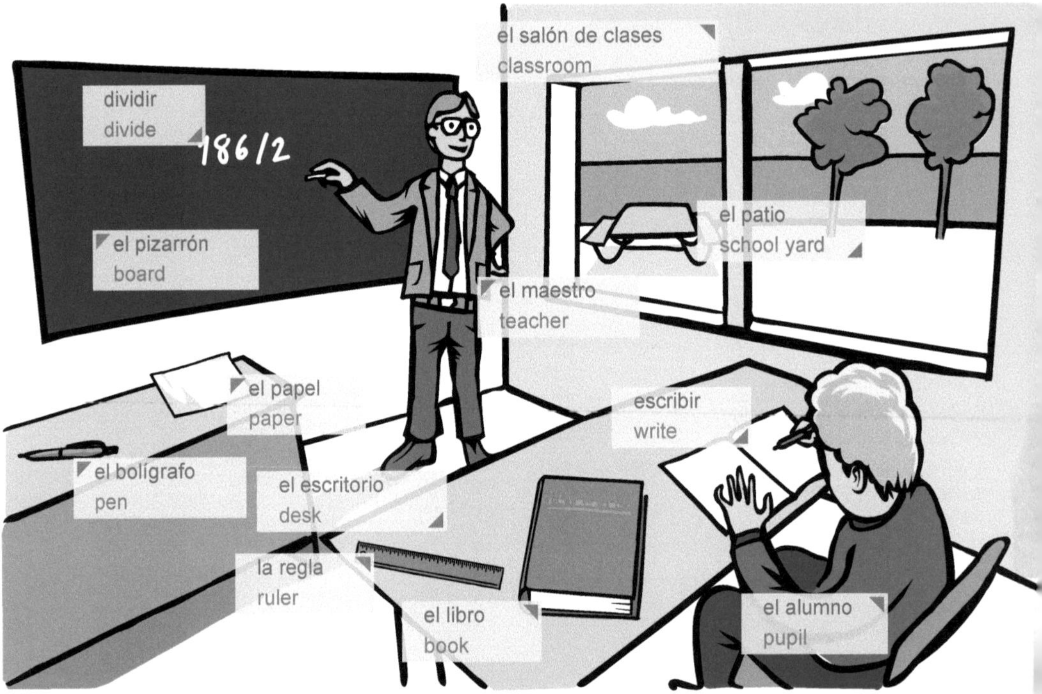
el salón de clases
classroom
dividir
divide
186/2
el pizarrón
board
el patio
school yard
el maestro
teacher
el papel
paper
escribir
write
el bolígrafo
pen
el escritorio
desk
la regla
ruler
el libro
book
el alumno
pupil

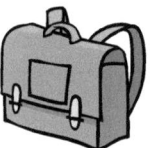

la mochila
satchel

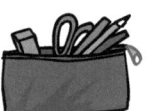

la caja de lápices
pencil case

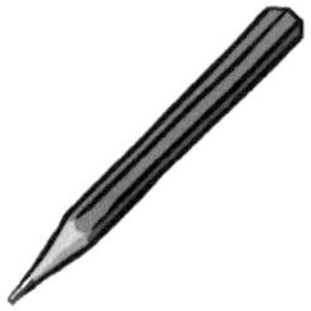

el lápiz
pencil

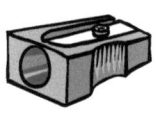

el sacapuntas
pencil sharpener

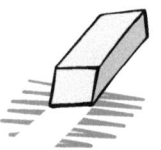

la goma de borrar
rubber

el bloc de dibujo
drawing pad

el dibujo

drawing

el pincel

paintbrush

la caja de lápices de color

paint box

las tijeras

scissors

el pegamento

glue

el libro de ejercicios

exercise book

la tarea

homework

el número

number

sumar

add

restar

subtract

multiplicar

multiply

calcular

calculate

la letra

letter

el alfabeto

alphabet

la palabra

word

el texto

text

leer

read

la tiza

chalk

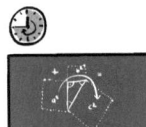

la lección

lesson

el cuaderno de clase

register

el examen

examination

el certificado

certificate

el uniforme

school uniform

la educación

education

la enciclopedia

encyclopedia

la universidad

university

el microscopio

microscope

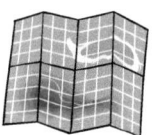

el mapa

map

el bote de basura

waste-paper basket

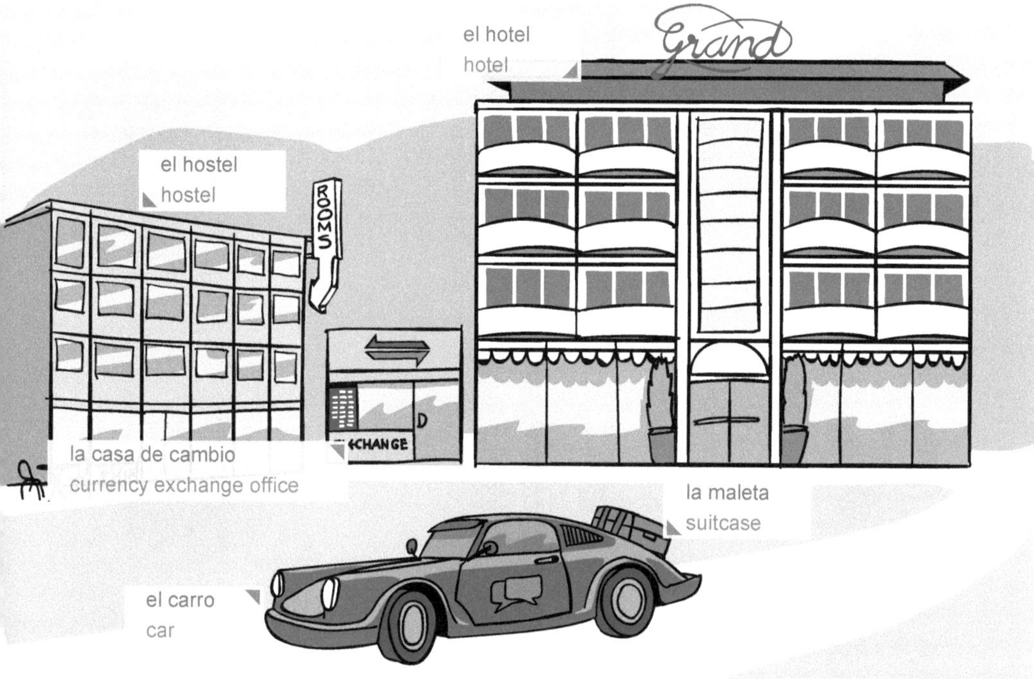

el hotel
hotel
Grand
el hostel
hostel
ROOMS
la casa de cambio
currency exchange office
la maleta
suitcase
el carro
car

el idioma

language

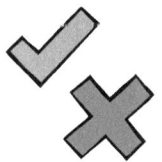

sí / no

yes / no

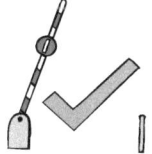

Órale

Okay

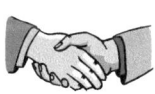

hola

hello

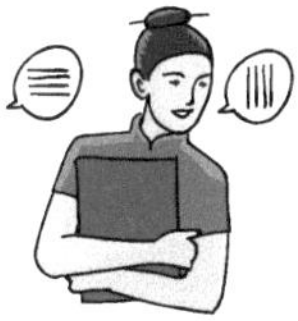

el traductor

translator

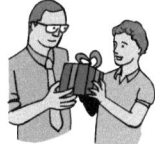

Gracias

Thank you

¿cuánto cuesta…?

how much is…?

No entiendo

I don´t get it

el problema

problem

¡Buenas tardes!

Good evening!

¡Buenos días!

Good morning!

¡Buenas noches!

Good night!

adiós

goodbye

la dirección

direction

el equipaje

luggage

la bolsa

bag

la mochila

backpack

el invitado

guest

la recámara

room

la bolsa de dormir

sleeping bag

la tienda de campaña

tent

la información turística

tourist information

la playa

beach

la tarjeta de crédito

credit card

el desayuno

breakfast

el almuerzo

lunch

la cena

dinner

el billete

Ticket

el ascensor

elevator

el sello

stamp

la frontera

border

la aduana

customs

la embajada

embassy

la visa

visa

el pasaporte

passport

el transporte

transport

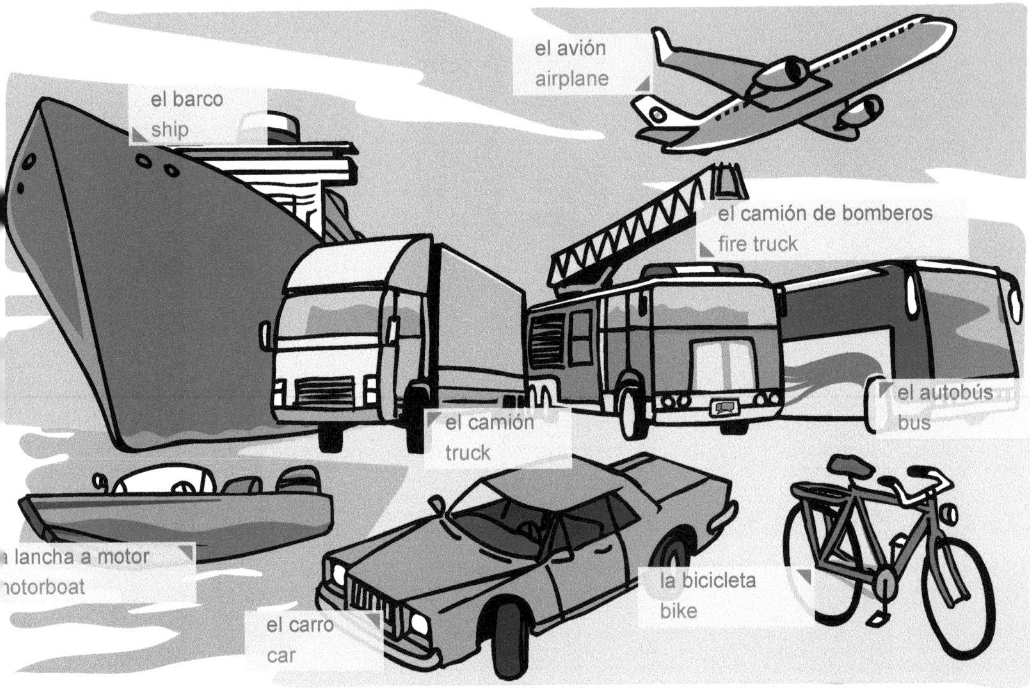

el avión
airplane
el barco
ship
el camión de bomberos
fire truck
el autobús
bus
el camión
truck
a lancha a motor
otorboat
la bicicleta
bike
el carro
car

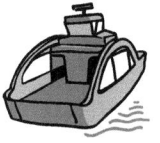

el ferry

ferry

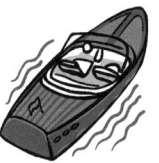

el bote

boat

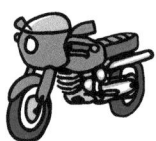

la motocicleta

motorbike

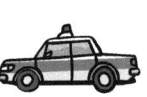

la patrulla

police car

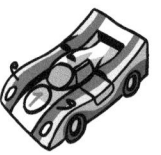

el coche de carreras

racing car

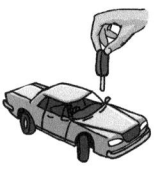

el auto para rentar

rental car

la renta de autos

car sharing

la grúa

tow truck

el camión recolector de basura

garbage truck

el motor

engine

la gasolina

fuel

la gasolinera

fuel station

la señal de tráfico

traffic sign

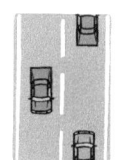

el tránsito

traffic

el embotellamiento

traffic jam

el aparcamiento

parking lot

la estación de tren

train station

las vías

tracks

el tren

train

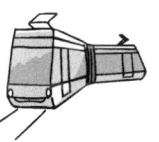

el tranvía

tram

el vagón

wagon

el helicóptero

helicopter

el aeropuerto

airport

la torre

tower

el pasajero

passenger

el contenedor

container

la caja de cartón

carton

la carretilla

cart

la cesta

basket

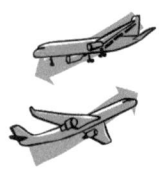

despegar / aterrizar

take off / land

la ciudad
city

el pueblo

village

el centro de la ciudad

city center

la casa

house

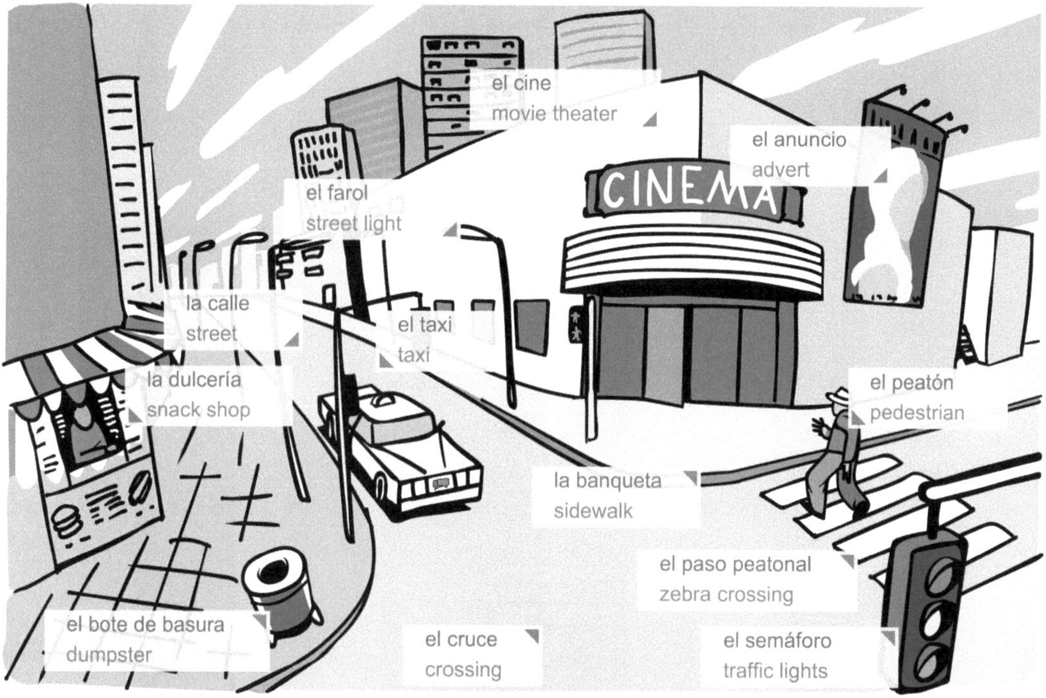

el cine
movie theater

el anuncio
advert

el farol
street light

CINEMA

la calle
street

el taxi
taxi

la dulcería
snack shop

el peatón
pedestrian

la banqueta
sidewalk

el paso peatonal
zebra crossing

el bote de basura
dumpster

el cruce
crossing

el semáforo
traffic lights

la cabaña
hut

el apartamento
apartment

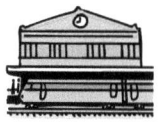

la estación de tren
train station

el ayuntamiento
city hall

el museo
museum

la escuela
school

la universidad
university

el banco
bank

el hospital
hospital

el hotel
hotel

la farmacia
pharmacy

la oficina
office

la librería
book shop

la tienda
shop

la florería
flower shop

el supermercado
supermarket

el mercado
market

las grandes tiendas
department store

la pescadería
fishmonger's shop

el centro comercial
mall

el puerto
harbor

el parque

park

el banco

bench

el puente

bridge

las escaleras

stairs

el metro

subway

el túnel

tunnel

la parada de autobús

bus stop

el bar

bar

el restaurante

restaurant

el buzón

postbox

el letrero

street sign

el parquímetro

parking meter

el zoológico

zoo

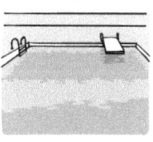

la alberca

swimming pool

la mezquita

mosque

la granja

farm

la contaminación

pollution

el cementerio

cemetery

la iglesia

church

el área de niños

playground

el templo

temple

el paisaje

landscape

la hoja
leaf

la señal
signpost

el camino
path

la pradera
meadow

la piedra
stone

el árbol
tree

el caminante
hiker

el rio
river

el pasto
grass

la flor
flower

el valle

valley

la montaña

hill

el lago

lake

el bosque

forest

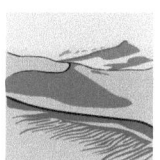

el desierto

desert

el volcán

volcano

el castillo

castle

el arco iris

rainbow

el champiñón

mushroom

la palmera

palm tree

el mosquito

mosquito

la mosca

fly

la hormiga

ant

la abeja

bee

la araña

spider

el escarabajo

beetle

la rana

frog

la ardilla

squirrel

el erizo

hedgehog

la liebre

hare

la lechuza

owl

el pájaro

bird

el cisne

swan

el jabalí

boar

el ciervo

deer

el alce

moose

el embalse

dam

la turbina eólica

wind turbine

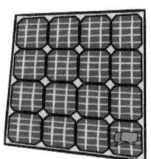

el panel solar

solar panel

el clima

climate

el restaurante
restaurant

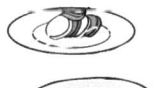

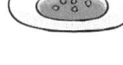

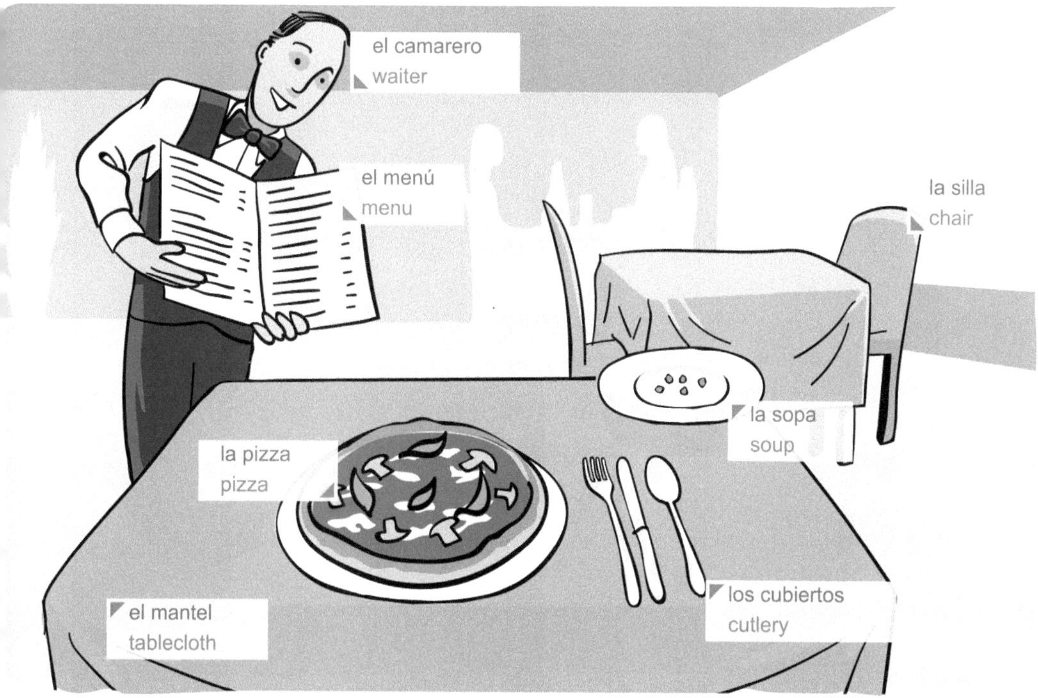
el camarero
waiter
el menú
menu
la silla
chair
la sopa
soup
la pizza
pizza
los cubiertos
cutlery
el mantel
tablecloth

la entrada

starter

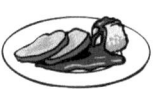

el plato fuerte

main course

el postre

dessert

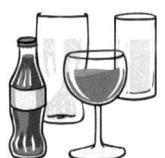

las bebidas

drinks

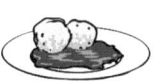

la comida

food

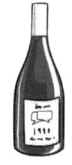

la botella

bottle

la comida rápida

fast food

la comida de la calle

street food

la tetera

teapot

la azucarera

sugar bowl

la porción

portion

la cafetera espresso

espresso machine

la periquera

high chair

la cuenta

bill

la charola

tray

el cuchillo

knife

el tenedor

fork

la cuchara

spoon

la cuchara de té

teaspoon

la servilleta

serviette

el vaso

glass

el plato

plate

el plato hondo

soup plate

el plato

saucer

la salsa

sauce

el salero

salt shaker

el molino para pimienta

pepper mill

el vinagre

vinegar

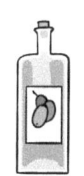

el aceite

oil

las especias

spices

el kétchup

ketchup

la mostaza

mustard

la mayonesa

mayonnaise

el supermercado
supermarket

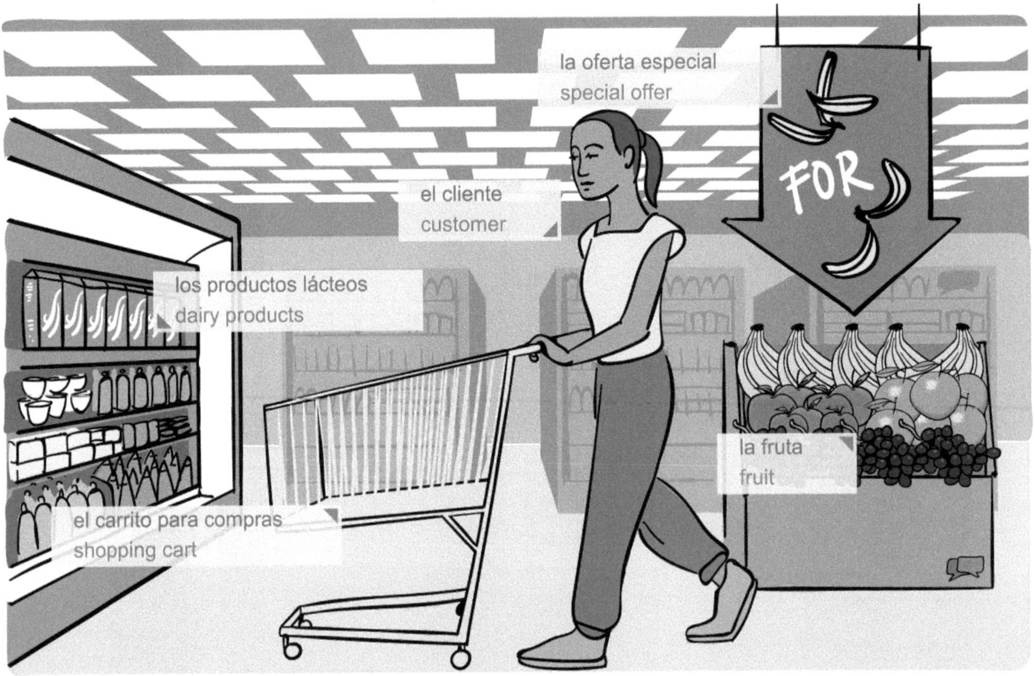

la oferta especial
special offer
FOR
el cliente
customer
los productos lácteos
dairy products
la fruta
fruit
el carrito para compras
shopping cart

BUTCHERS

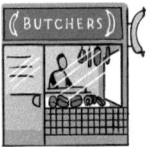

la carnicería

butcher's shop

BAKERY

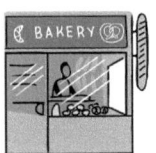

la panadería

bakery

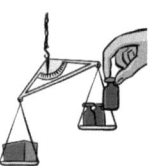

pesar

weigh

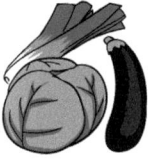

los vegetales

vegetables

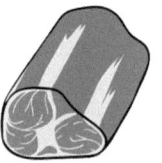

la carne

meat

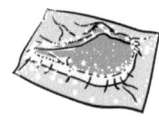

los alimentos congelados

frozen food

las carnes frías

cold cuts

los alimentos enlatados

canned food

el detergente en polvo

detergent

los dulces

candy

los electrodomésticos

household products

productos de limpieza

cleaning products

la vendedora

sales representative

la caja

cash register

el cajero

cashier

la lista de compras

shopping list

el horario de atención al
público

opening hours

la cartera

wallet

la tarjeta de crédito

credit card

la bolsa

bag

la bolsa de plástico

plastic bag

el agua

water

el jugo

juice

la leche

milk

el refresco de cola

coke

el vino

wine

la cerveza

beer

el alcohol

alcohol

el cacao

cocoa

el té

tea

el café

coffee

el espresso

espresso

el cappuccino

cappuccino

el plátano

banana

la manzana

apple

la naranja

orange

el melón

melon

el limón

lemon

la zanahoria

carrot

el ajo

garlic

el bambú

bamboo

la cebolla

onion

el champiñón

mushroom

las nueces

nuts

los fideos

noodles

los espaguetis

spaghetti

el arroz

rice

la ensalada

salad

las patatas fritas

fries

las patatas fritas

fried potatoes

la pizza

pizza

la hamburguesa

hamburger

el emparedado

sandwich

el filete

escalope

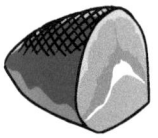

el jamón

ham

el salami

salami

la salchicha

sausage

el pollo

chicken

el asado

roast

el pescado

fish

los copos de avena

porridge oats

el muesli

muesli

los copos de maíz

cornflakes

la harina

flour

el cuernito

croissant

el bolillo

bread roll

el pan

bread

la tostada

toast

las galletas

cookies

la mantequilla

butter

la cuajada

curd

el pastel

cake

el huevo

egg

el huevo frito

fried egg

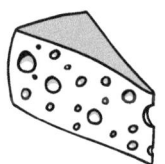

el queso

cheese

el helado

ice cream

el azúcar

sugar

la miel

honey

la mermelada

jelly

la crema de chocolate

nougat cream

el curry

curry

la granja
farm

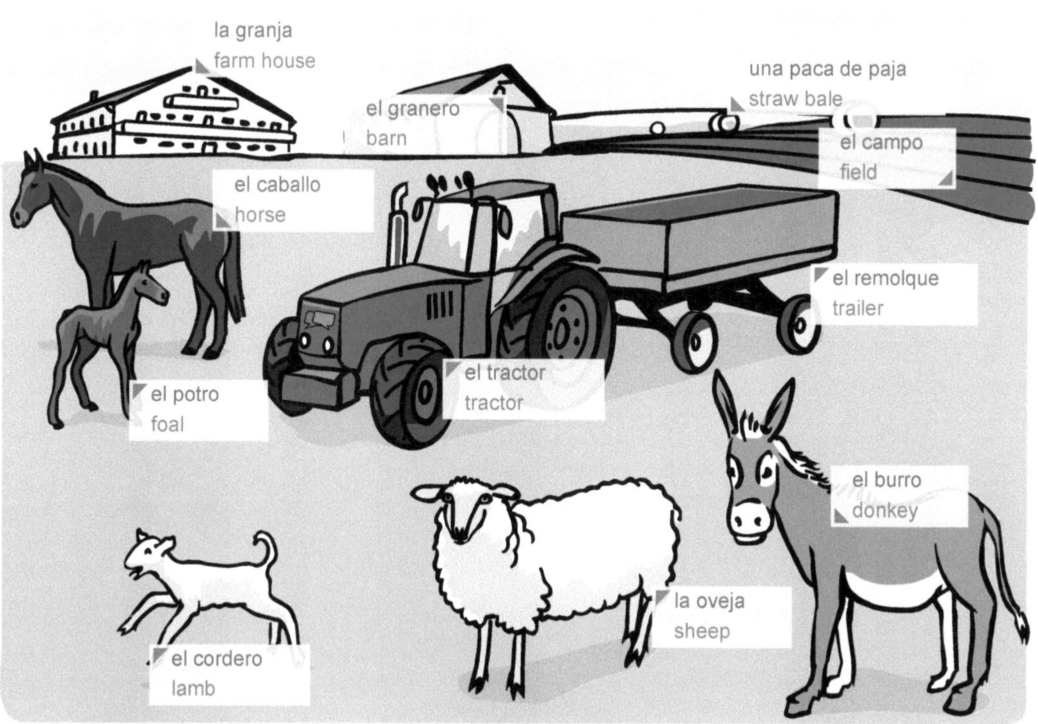
la granja
farm house
el granero
barn
una paca de paja
straw bale
el campo
field
el caballo
horse
el remolque
trailer
el potro
foal
el tractor
tractor
el burro
donkey
la oveja
sheep
el cordero
lamb

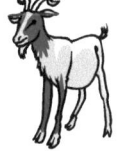

la cabra
goat

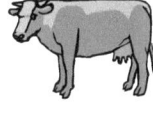

la vaca
cow

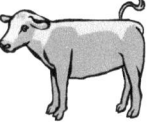

el ternero
calf

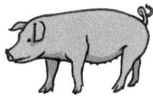

el cerdo
pig

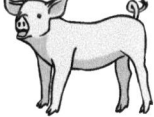

el lechón
piglet

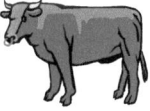

el toro
bull

el ganso

goose

el pato

duck

el pollo

chick

la gallina

hen

el gallo

cockerel

la rata

rat

el gato

cat

el ratón

mouse

el buey

ox

el perro

dog

la casa del perro

dog house

la manguera

garden hose

la regadera

watering can

la guadaña

scythe

el arado

plow

la hoz

sickle

el azadón

hoe

la horquilla

pitchfork

el hacha

axe

la carretilla

pushcart

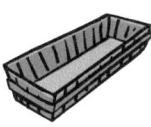

el bebedero

trough

el bote de leche

milk can

el saco

sack

la valla

fence

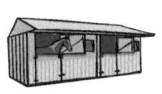

el establo

stable

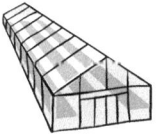

el invernadero

greenhouse

el suelo

soil

la semilla

seed

el fertilizador

fertilizer

la cosechadora

combine harvester

cosechar

harvest

la cosecha

harvest

el camote

yams

el trigo

wheat

la soja

soya

la patata

potato

el maíz

corn

la semilla de colza

rapeseed

el árbol frutal

fruit tree

la mandioca

manioc

las cereales

grain

la casa
house

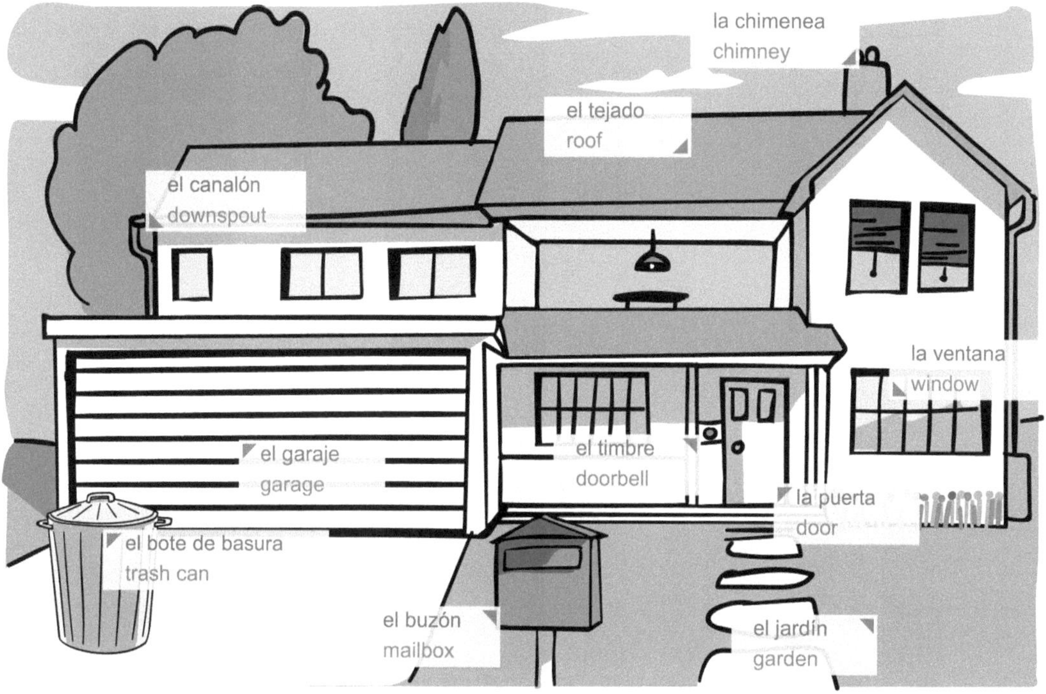
la chimenea
chimney
el tejado
roof
el canalón
downspout
la ventana
window
el garaje
garage
el timbre
doorbell
la puerta
door
el bote de basura
trash can
el buzón
mailbox
el jardín
garden

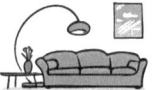

la estancia
living room

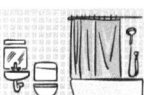

el baño
bathroom

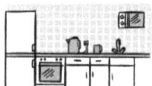

la cocina
kitchen

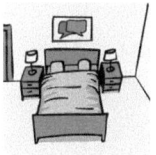

la recámara
bedroom

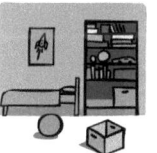

la recámara de los niños
kids room

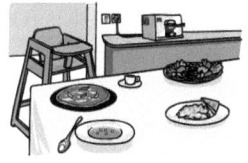

el comedor
dining room

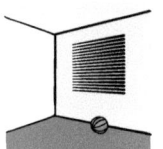

el suelo

floor

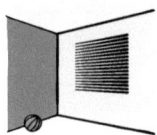

la pared

wall

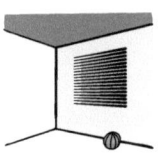

el techo

ceiling

el sótano

cellar

el sauna

sauna

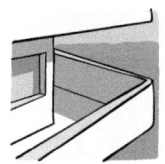

el balcón

balcony

la terraza

terrace

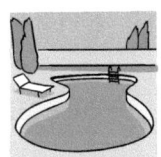

la alberca

pool

el cortacésped

lawn mower

la sábana

sheet

la colcha

bedspread

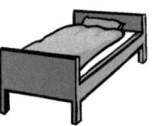

la cama

bed

la escoba

broom

el balde

bucket

el interruptor

switch

la estancia
living room

el papel para empapelar
wallpaper
la imagen
picture
la lámpara
lamp
el estante
shelf
la alacena
cabinet
la televisión
television
la chimenea
fireplace
la flor
flower
el cojín
cushion
el sofá
sofa
el florero
vase
el control remoto
remote control

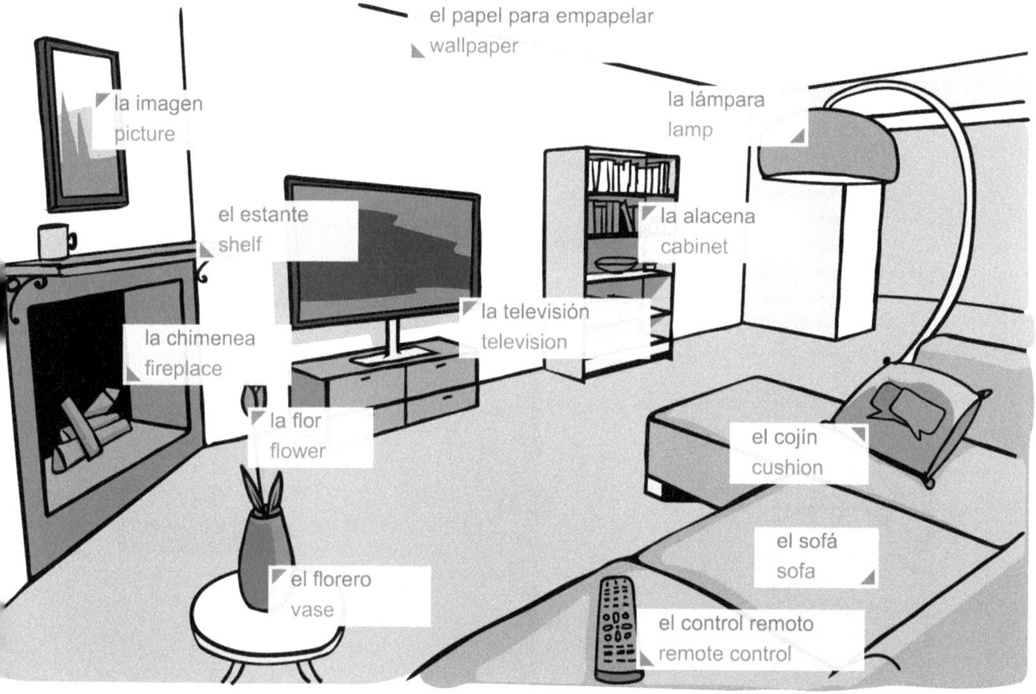

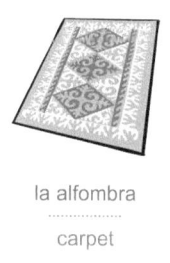

la alfombra

carpet

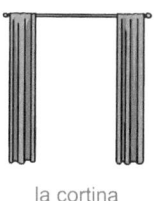

la cortina

drape

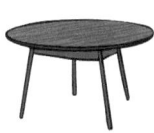

la mesa

table

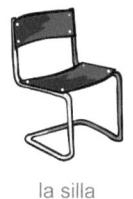

la silla

chair

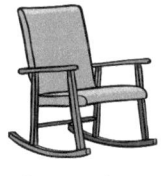

la mecedora

rocking chair

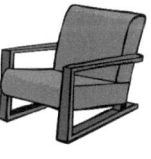

el sillón

armchair

el libro

book

la frazada

blanket

la decoración

decoration

la leña

firewood

la película

film

el equipo de música

stereo system

la llave

key

el periódico

newspaper

la pintura

painting

el póster

poster

la radio

radio

el cuaderno

notebook

la aspiradora

vacuum cleaner

el cactus

cactus

la vela

candle

la cocina
kitchen

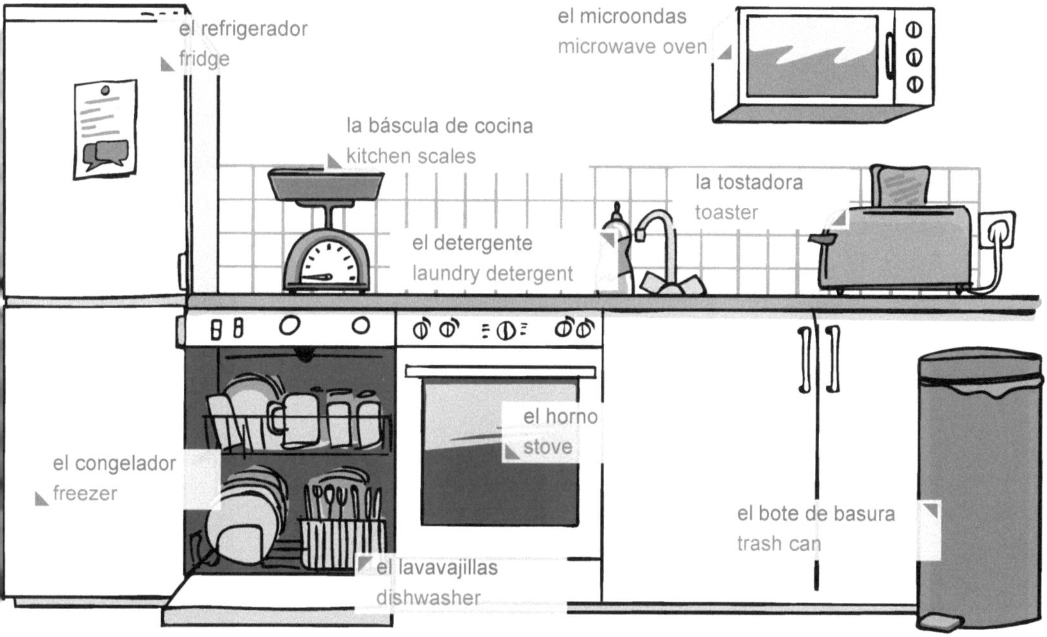
el refrigerador
fridge
el microondas
microwave oven
la báscula de cocina
kitchen scales
la tostadora
toaster
el detergente
laundry detergent
el horno
stove
el congelador
freezer
el bote de basura
trash can
el lavavajillas
dishwasher

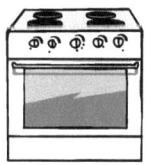

la olla a presión

cooker

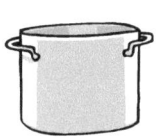

la olla

pot

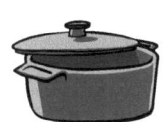

la olla de hierro fundido

cast-iron pot

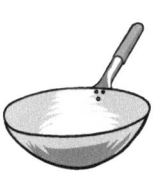

el wok

wok / kadai

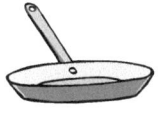

la sartén

pan

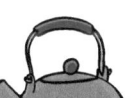

el hervidor

kettle

la vaporera

steamer

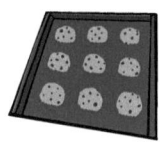

la charola de horno

baking tray

la loza

crockery

la taza

mug

el bol

bowl

los palillos

chopsticks

el cucharón

ladle

la espátula

spatula

la batidora

whisk

el colador

strainer

el colador

sieve

el rallador

grater

el mortero

mortar

la barbacoa

barbecue

la fogata

fireplace

la tabla para picar

chopping board

el rodillo para amasar

rolling pin

el sacacorchos

corkscrew

la lata

can

el abrelatas

can opener

el guante de cocina

oven cloth

el fregadero

sink

el cepillo

brush

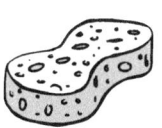

la esponja

sponge

la batidora

blender

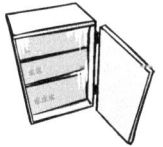

el congelador

deep freezer

el biberón

baby bottle

la llave

tap

el baño

bathroom

la calefacción
heating
la ducha
shower
la toalla
towel
la cortina de la ducha
shower curtain
el baño de espuma
bubble bath
la tina
bathtub
el vaso
glass
la lavadora
washing machine
la llave
tap
las baldosas
tiles
la bacinica
potty
el fregadero
sink

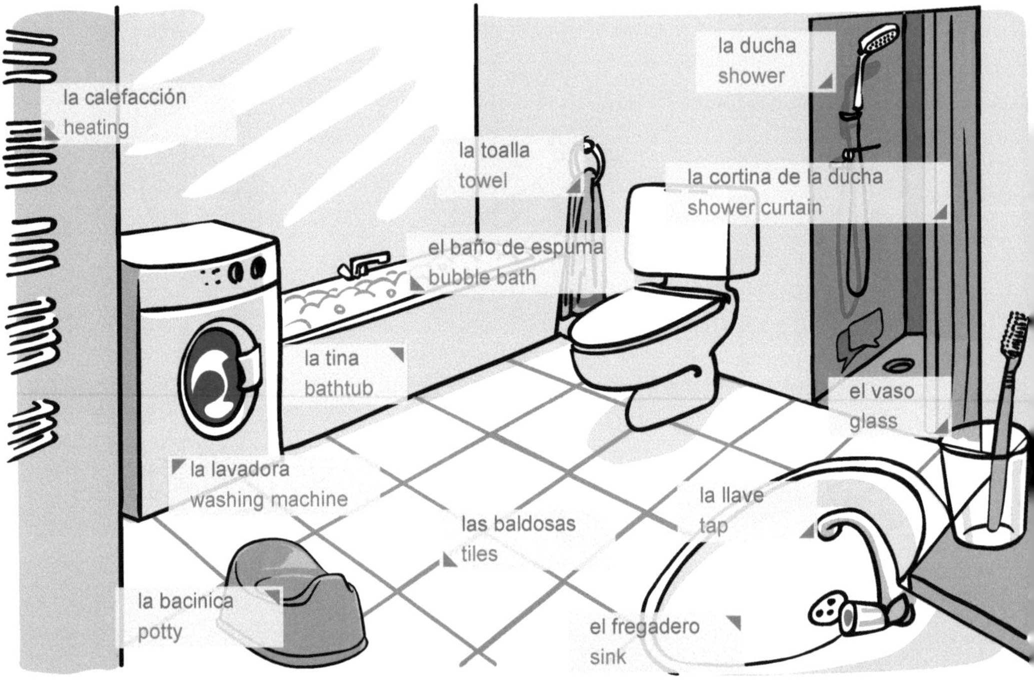

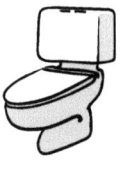

el inodoro

toilet

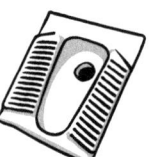

la letrina

squat toilet

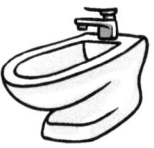

el bidé

bidet

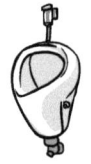

el mingitorio

urinal

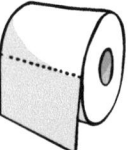

el papel higiénico

toilet paper

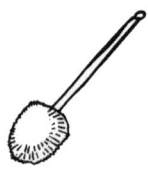

el cepillo para baño

toilet brush

el cepillo de dientes

toothbrush

la pasta dental

toothpaste

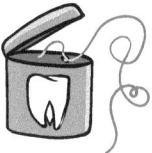

el hilo dental

dental floss

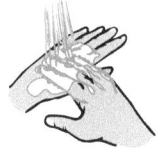

lavar

wash

la ducha de mano

hand shower

la ducha vaginal

douche

el fregadero

basin

el cepillo de espalda

back brush

el jabón

soap

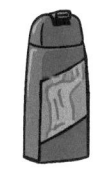

el gel de ducha

shower gel

el champú

shampoo

la toallita

flannel

el drenaje

drain

la crema

creme

el desodorante

deodorant

el espejo

mirror

el espejo de tocador

hand mirror

la máquina para afeitar

razor

la espuma de afeitar

shaving foam

la loción para después de afeitar

aftershave

el peine

comb

el cepillo

brush

la secadora

hair-dryer

la laca

hairspray

el maquillaje

makeup

el lápiz labial

lipstick

el esmalte para uñas

nail varnish

el algodón

cotton wool

las tijeras para uñas

nail scissors

el perfume

perfume

el estuche para cosméticos

washbag

el taburete

stool

la báscula

weighing scales

la bata

bathrobe

los guantes de goma

rubber gloves

el tampón

tampon

la toalla sanitaria

sanitary towel

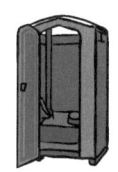

el baño móvil

chemical toilet

la recámara de los niños
kids room

el despertador
alarm clock
el peluche
cuddly toy
el carro de juguete
toy car
la sonaja
rattle
la casa de muñecas
doll's house
el regalo
present

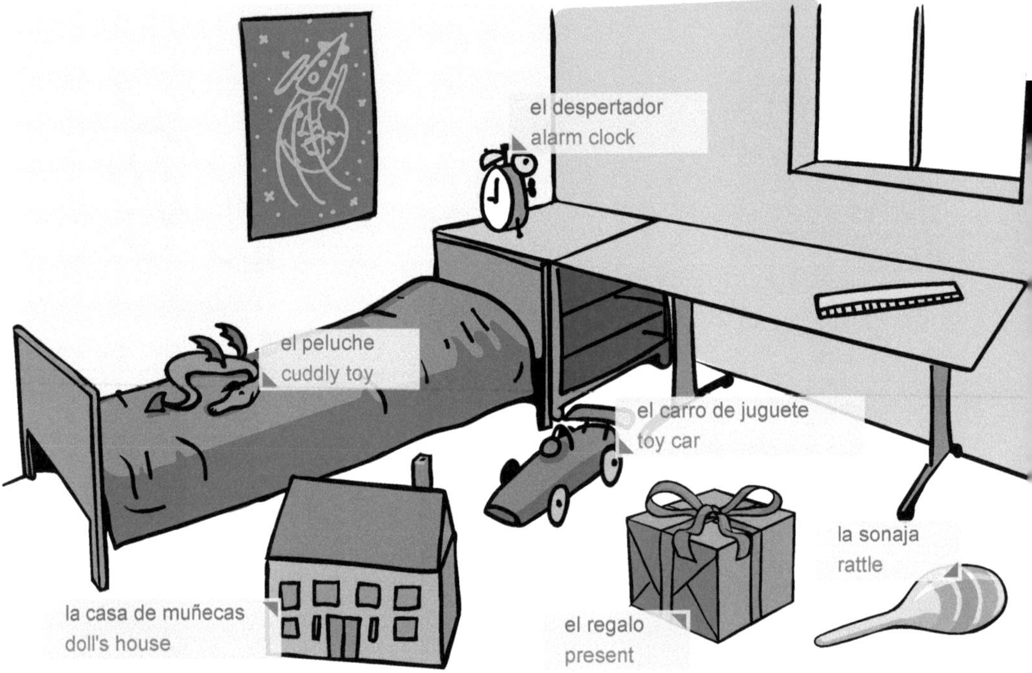

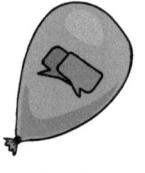

el globo
balloon

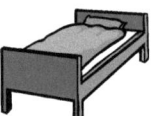

la cama
bed

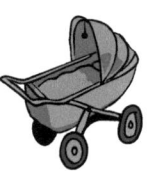

la carriola
stroller

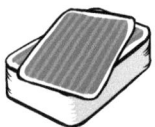

las cartas
deck of cards

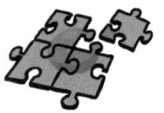

el rompecabezas
jigsaw

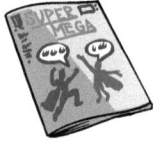

el cómic
comic

las piezas de lego

lego bricks

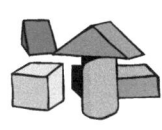

los bloques para jugar

toy blocks

la figura de acción

action figure

el mameluco

romper suit

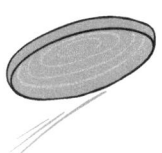

el frisbee

frisbee

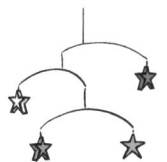

el móvil para bebés

mobile

el juego de mesa

board game

los dados

dice

el tren eléctrico

model train set

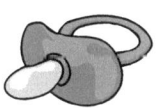

el maniquí

pacifier

la fiesta

party

el álbum de fotos

picture book

el balón

ball

la muñeca

doll

jugar

play

el arenero

sandpit

el columpio

swing

los juguetes

toys

la consola de videojuegos

video game console

el triciclo

tricycle

el oso de peluche

teddy bear

el clóset

wardrobe

la ropa

clothing

los calcetines

socks

las pantimedias

stockings

las mallas

tights

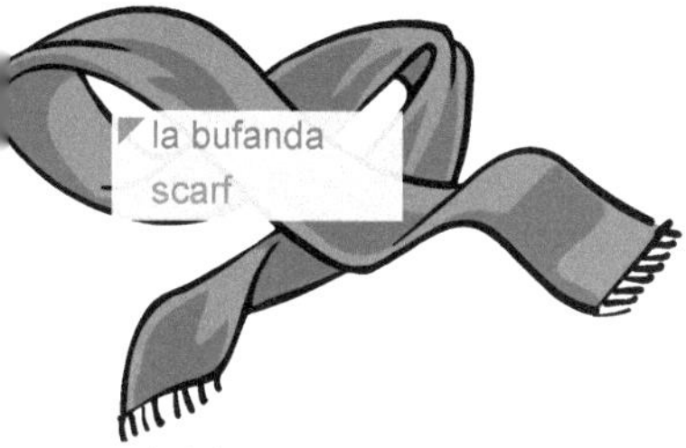

la bufanda
scarf

el paraguas
umbrella

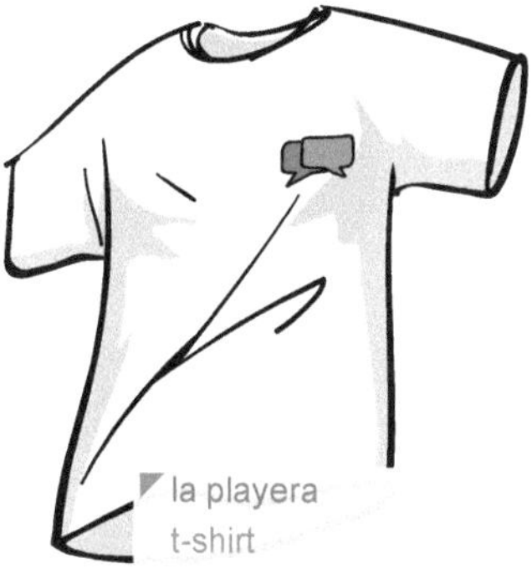

la playera
t-shirt

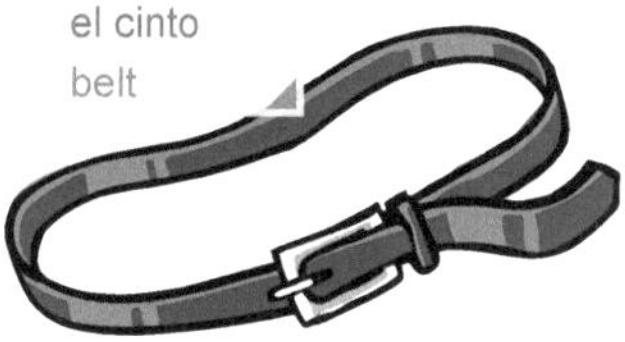

el cinto
belt

las botas
boots

las chanclas
slippers

los tenis
sneakers

las sandalias
sandals

los zapatos
shoes

las botas de goma
rubber boots

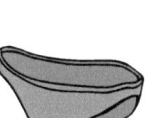

la ropa interior
underwear

el brasier
bra

el chaleco
undershirt

el body

body

los pantalones

pants

los pantalones de mezclilla

jeans

la falda

skirt

la blusa

blouse

la camisa

shirt

el suéter

pullover

la sudadera

sweater

el saco sport

blazer

la chamarra

jacket

el abrigo

coat

el impermeable

raincoat

el traje

costume

el vestido

dress

el vestido de novia

wedding dress

la ropa - clothing

el traje

suit

el camisón

nightgown

el pijama

pajamas

el sari

sari

el pañuelo para la cabeza

headscarf

el turbante

turban

la burka

burka

el caftán

kaftan

la abaya

abaya

el traje de baño

swimsuit

el short de baño

trunks

los shorts

shorts

los pants

tracksuit

el delantal

apron

los guantes

gloves

el botón
button

las gafas
glasses

el brazalete
bracelet

el collar
necklace

el anillo
ring

el arete
earring

la gorra
cap

el gancho
coat hanger

el sombrero
hat

la corbata
tie

el cierre
zip

el casco
helmet

los tirantes
braces

el uniforme
school uniform

el uniforme
uniform

el babero

bib

el maniquí

pacifier

el pañal

diaper

la oficina
office

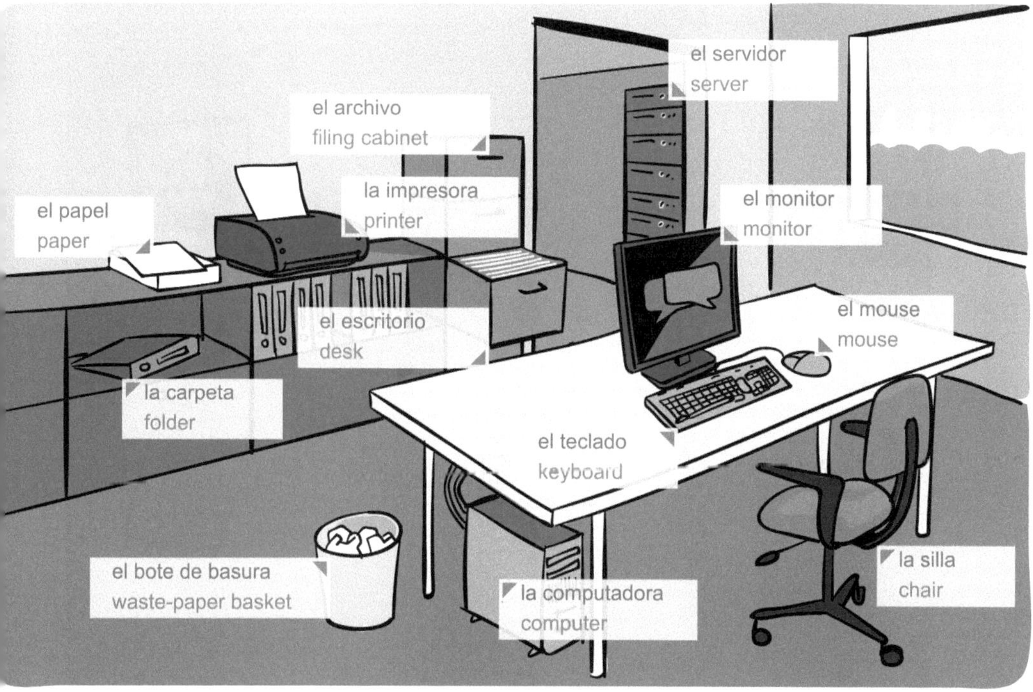

el servidor
server

el archivo
filing cabinet

la impresora
printer

el monitor
monitor

el papel
paper

el escritorio
desk

el mouse
mouse

la carpeta
folder

el teclado
keyboard

el bote de basura
waste-paper basket

la silla
chair

la computadora
computer

la taza de café

coffee mug

la calculadora

calculator

el internet

internet

la notebook

laptop

la carta

letter

el mensaje

message

el móvil

cell phone

la red

network

la fotocopiadora

photocopier

el software

software

el teléfono

telephone

el tomacorriente

plug socket

el fax

fax machine

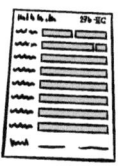

el formulario

form

el documento

document

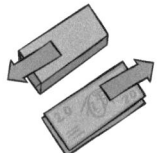

comprar

buy

pagar

pay

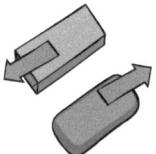

hacer negocios

trade

el dinero

money

USD

el dólar

dollar

EUR

el euro

euro

JPY

el yen

yen

RUB

el rublo

rouble

CHF

el franco suizo

Swiss franc

CNY

el yuan

renminbi yuan

INR

la rupia

rupee

el cajero automático

cash point

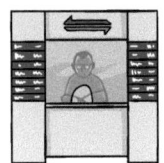

la casa de cambio

currency exchange office

el oro

gold

la plata

silver

el petróleo

oil

la energía

energy

el precio

price

el contrato

contract

el impuesto

tax

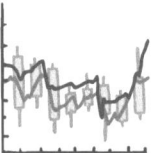

la acción

stock

trabajar

work

el empleado

employee

el empleador

employer

la fábrica

factory

la tienda

shop

las ocupaciones
occupations

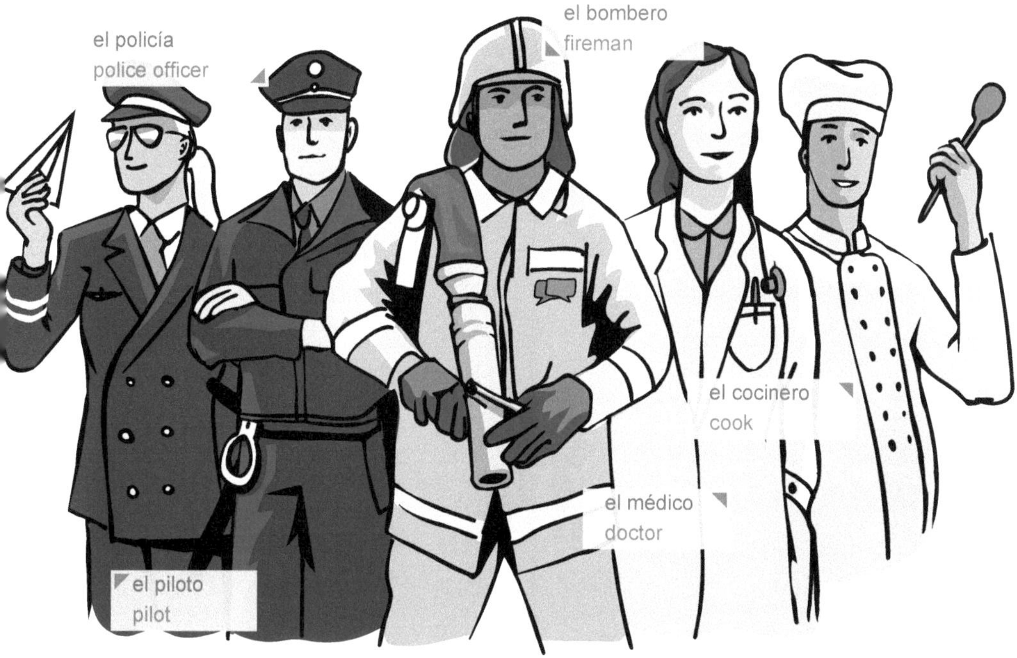
el policía
police officer
el bombero
fireman
el cocinero
cook
el médico
doctor
el piloto
pilot

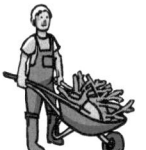

el jardinero

gardener

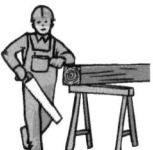

el carpintero

carpenter

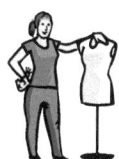

la costurera

seamstress

el juez

judge

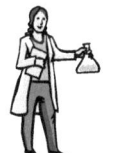

el farmacéutico

chemist

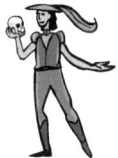

el actor

actor

el conductor de autobús

bus driver

el taxista

taxi driver

el pescador

fisherman

la señora de la limpieza

cleaning lady

el instalador de techos

roofer

el camarero

waiter

el cazador

hunter

el pintor

painter

el panadero

baker

el electricista

electrician

el obrero

builder

el ingeniero

engineer

el carnicero

butcher

el plomero

plumber

el cartero

postman

el soldado

soldier

el arquitecto

architect

el cajero

cashier

el florista

florist

el peluquero

hairdresser

el cobrador

conductor

el mecánico

mechanic

el capitán

captain

el dentista

dentist

el científico

scientist

el rabino

rabbi

el imán

imam

el monje

monk

el sacerdote

pastor

las herramientas

tools

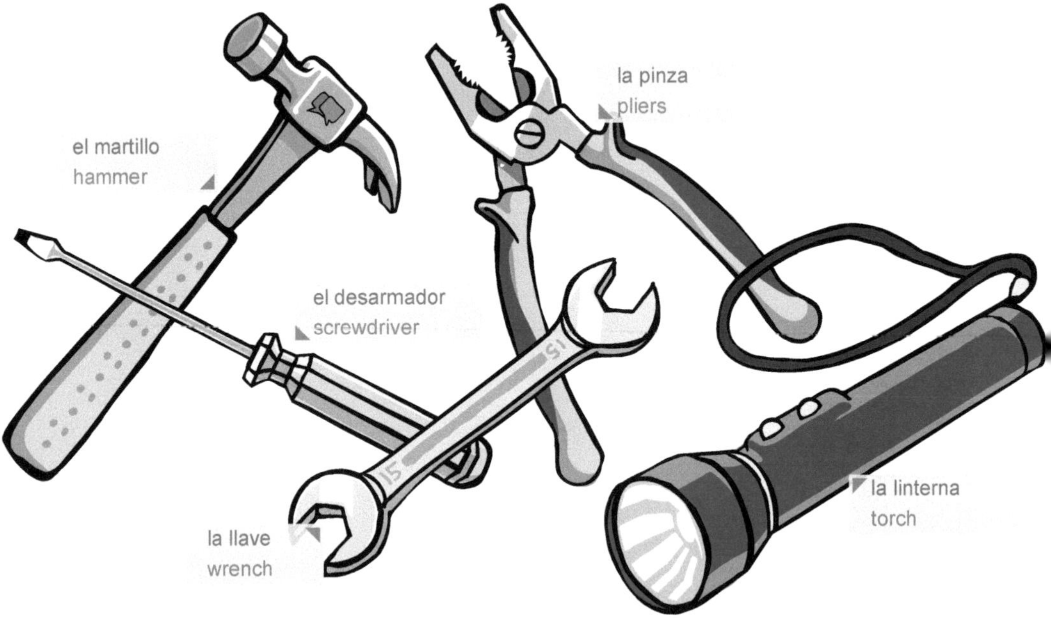
el martillo
hammer
la pinza
pliers
el desarmador
screwdriver
la llave
wrench
la linterna
torch

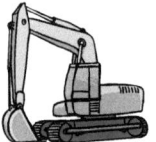

la excavadora

excavator

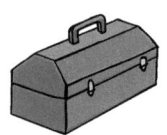

la caja de herramientas

toolbox

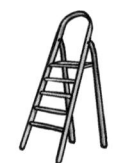

la escalera de mano

ladder

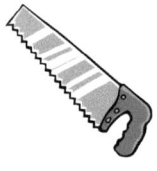

la sierra

saw

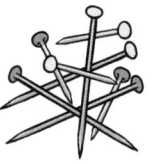

los clavos

nails

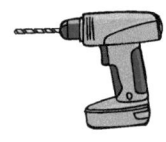

el taladro

drill

reparar

repair

la pala

shovel

¡Maldición!

Damn!

el recogedor

dustpan

el bote de pintura

paint can

los tornillos

screws

los instrumentos musicales

musical instruments

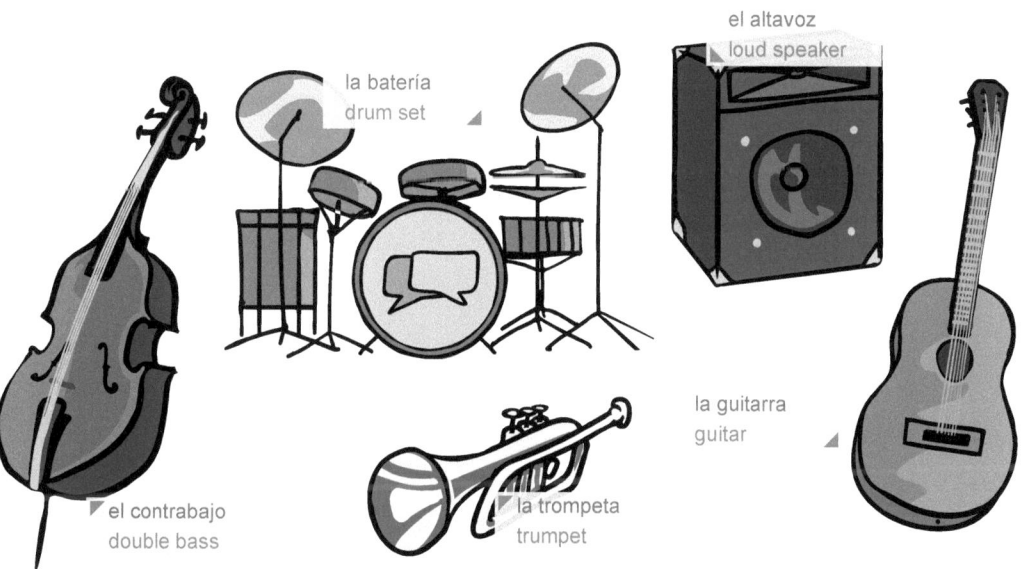

la batería
drum set

el altavoz
loud speaker

la guitarra
guitar

el contrabajo
double bass

la trompeta
trumpet

el piano

piano

el violín

violin

el bajo

bass

los timbales

timpani

el tambor

drums

el teclado

keyboard

el saxofón

saxophone

la flauta

flute

el micrófono

microphone

el zoológico

zoo

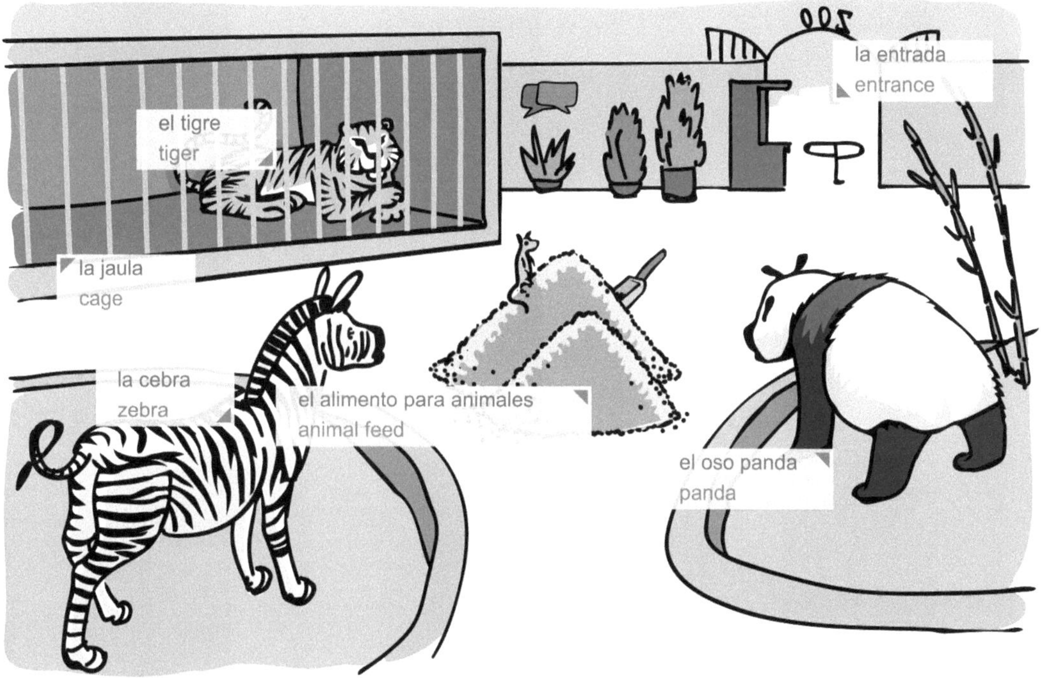

ZOO
la entrada
entrance
el tigre
tiger
la jaula
cage
la cebra
zebra
el alimento para animales
animal feed
el oso panda
panda

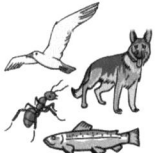

los animales

animals

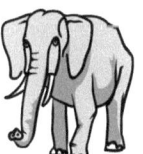

el elefante

elephant

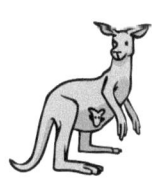

el canguro

kangaroo

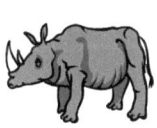

el rinoceronte

rhino

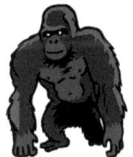

el gorila

gorilla

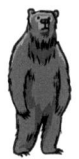

el oso

bear

el camello

camel

el avestruz

ostrich

el león

lion

el mono

monkey

el flamenco

flamingo

el loro

parrot

el oso polar

polar bear

el pingüino

penguin

el tiburón

shark

el pavo real

peacock

la serpiente

snake

el cocodrilo

crocodile

el guardián de zoológico

zookeeper

la foca

seal

el jaguar

jaguar

el poni

pony

el leopardo

leopard

el hipopótamo

hippo

la jirafa

giraffe

el águila

eagle

el jabalí

boar

el pescado

fish

la tortuga

turtle

la morsa

walrus

el zorro

fox

la gacela

gazelle

el fútbol americano
American football

el ciclismo
cycling

el tenis
tennis

el baloncesto
basketball

la natación
swimming

el boxeo
boxing

el hockey sobre hielo
ice hockey

el fútbol

soccer

el bádminton

badminton

el atletismo

athletics

el handball

handball

el esquí

skiing

el polo

polo

saltar
jump

reír
laugh

abrazar
hug

caminar
walk

cantar
sing

soñar
dream

rezar
pray

besar
kiss

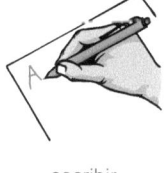

escribir
write

dibujar
draw

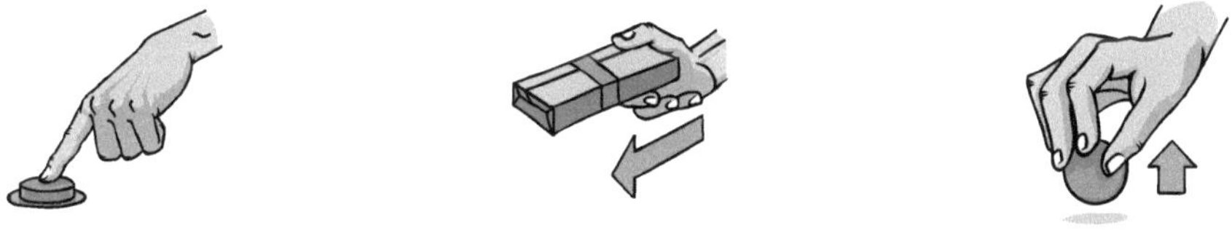

mostrar
show

empujar
push

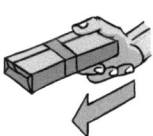

dar
give

tomar
take

tener

have

hacer

do

ser

be

estar parado

stand

correr

run

jalar

pull

arrojar

throw

caer

fall

estar acostado

lie

esperar

wait

llevar

carry

estar sentado

sit

vestirse

get dressed

dormir

sleep

despertar

wake up

mirar

look at

llorar

cry

acariciar

stroke

peinar

comb

hablar

talk

entender

understand

preguntar

ask

escuchar

listen

beber

drink

comer

eat

ordenar

tidy up

amar

love

cocinar

cook

conducir

drive

volar

fly

las actividades - activities

navegar

sail

calcular

calculate

leer

read

aprender

learn

trabajar

work

casarse

marry

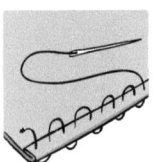

coser

sew

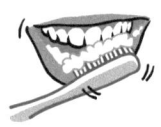

cepillarse los dientes

brush teeth

matar

kill

fumar

smoke

enviar

send

la familia
family

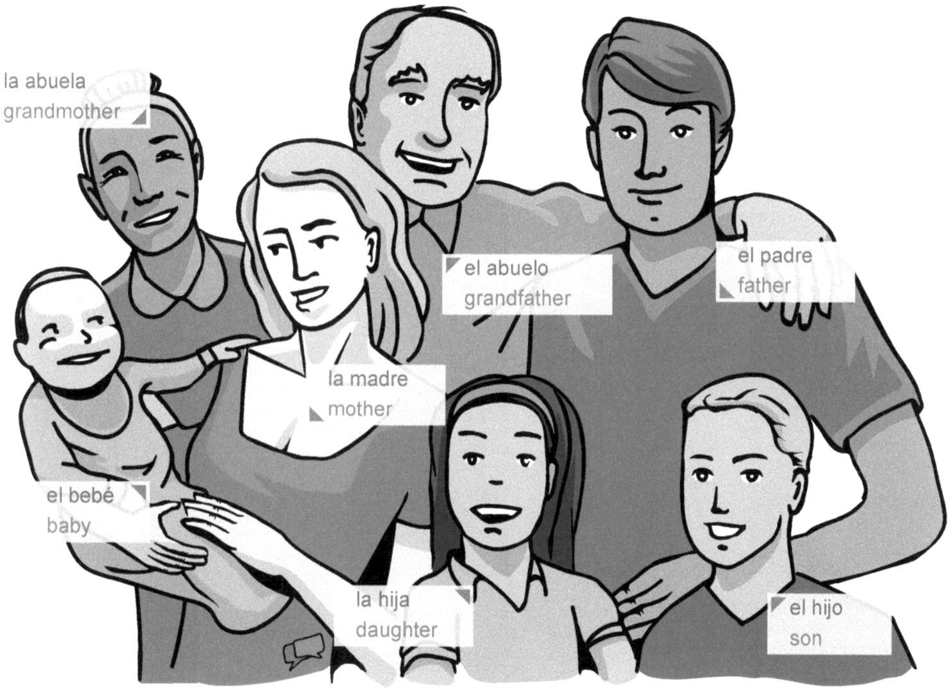
la abuela
grandmother
el abuelo
grandfather
el padre
father
la madre
mother
el bebé
baby
la hija
daughter
el hijo
son

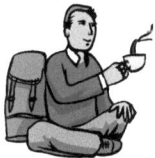

el invitado

guest

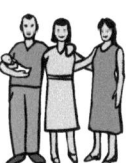

la tía

aunt

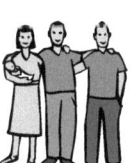

el tío

uncle

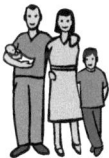

el hermano

brother

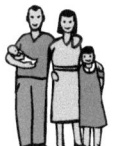

la hermana

sister

el cuerpo

body

la frente
forehead
el ojo
eye
el hombro
shoulder
el dedo
finger
la cara
face
la barbilla
chin
la mano
hand
la pierna
leg
el pecho
breast
el brazo
arm

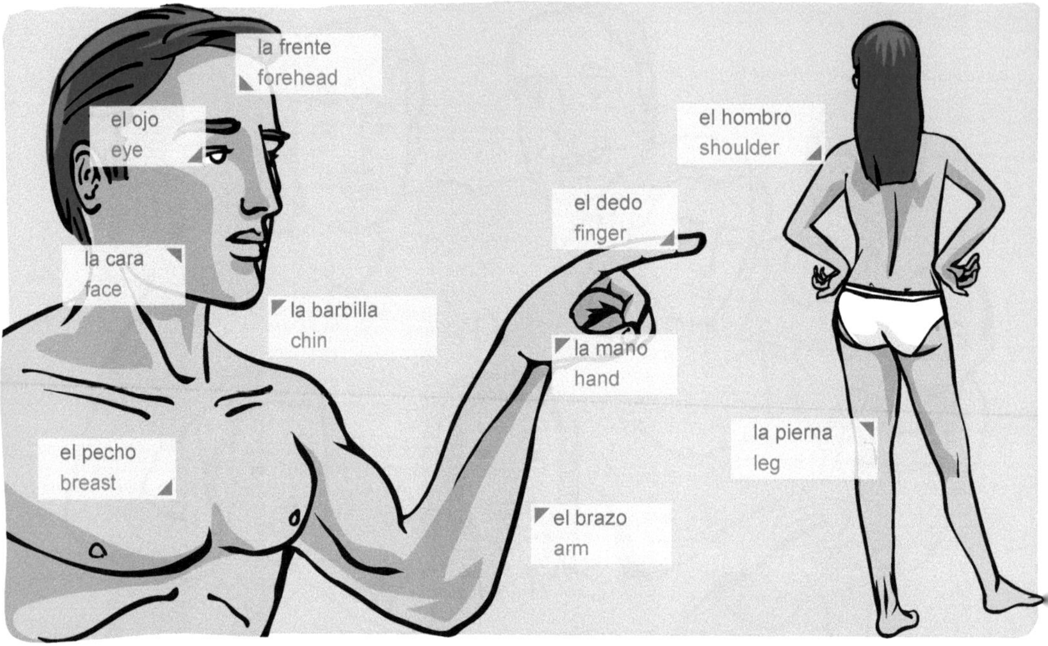

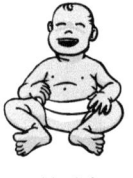

el bebé

baby

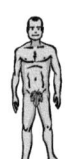

el hombre

man

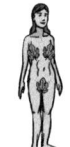

la mujer

woman

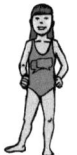

la niña

girl

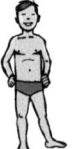

el niño

boy

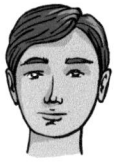

la cabeza

head

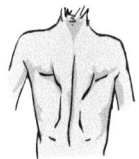

la espalda

back

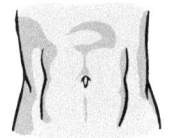

la barriga

belly

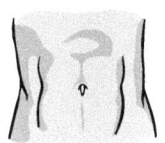

el ombligo

navel

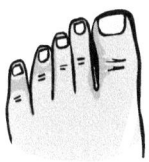

el dedo del pie

toe

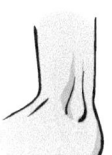

el talón

heel

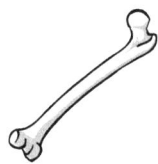

el hueso

bone

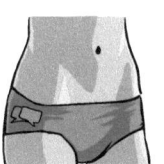

la cadera

hip

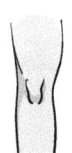

la rodilla

knee

el codo

elbow

la nariz

nose

las pompis

buttocks

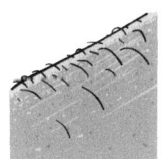

la piel

skin

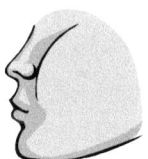

la mejilla

cheek

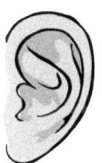

el oído

ear

el labio

lip

la boca

mouth

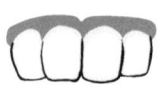

el diente

tooth

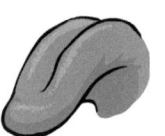

la lengua

tongue

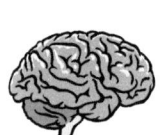

el cerebro

brain

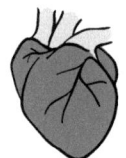

el corazón

heart

el músculo

muscle

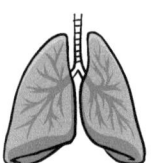

el pulmón

lung

el hígado

liver

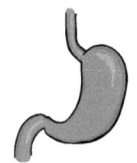

el estómago

stomach

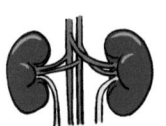

los riñones

kidneys

el sexo

sex

el condón

condom

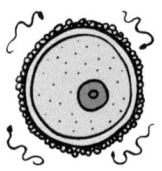

el óvulo

ovum

el semen

semen

el embarazo

pregnancy

el cuerpo - body

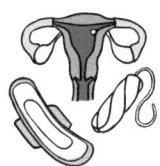

la menstruación

menstruation

la vagina

vagina

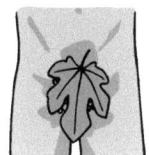

el pene

penis

la ceja

eyebrow

el cabello

hair

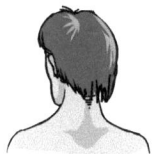

el cuello

neck

el hospital
hospital

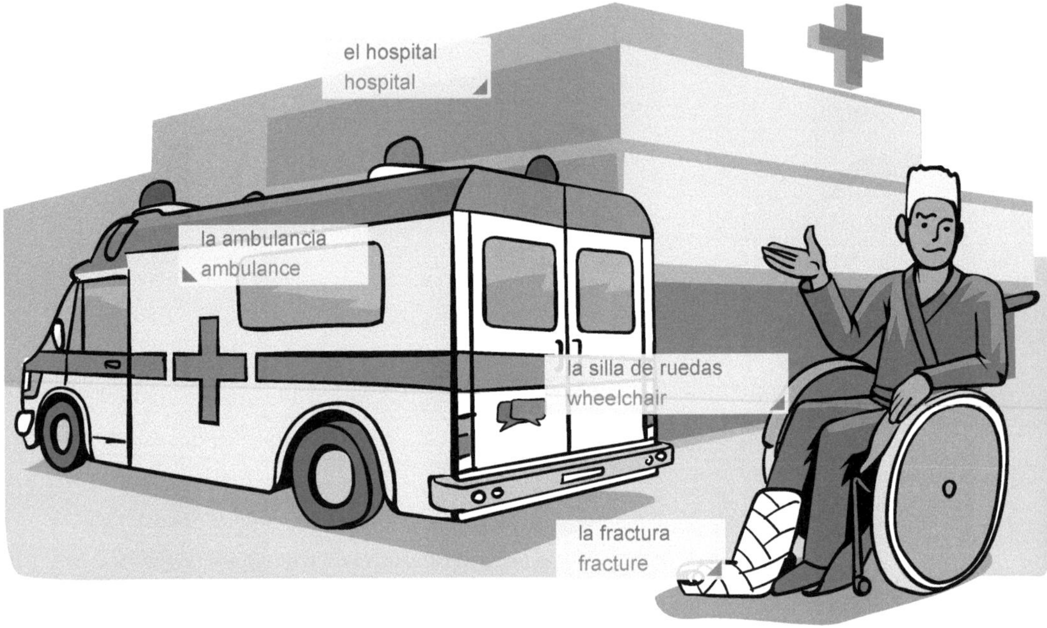

el hospital
hospital
la ambulancia
ambulance
la silla de ruedas
wheelchair
la fractura
fracture

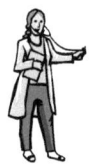

el médico

doctor

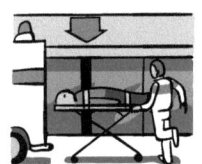

la sala de emergencias

emergency room

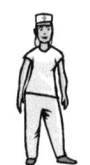

la enfermera

nurse

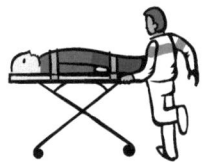

la emergencia

emergency

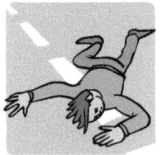

inconsciente

unconscious

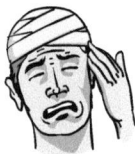

el dolor

pain

la lesión

injury

la hemorragia

bleeding

el infarto

heart attack

el accidente
cerebrovascular

stroke

la alergia

allergy

la tos

cough

la fiebre

fever

la gripa

flu

la diarrea

diarrhea

el dolor de cabeza

headache

el cáncer

cancer

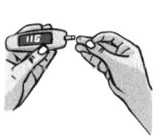

la diabetes

diabetes

el cirujano

surgeon

el bisturí

scalpel

la operación

operation

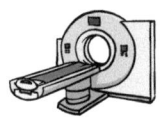

TC

CT

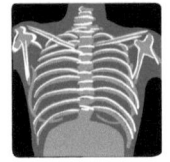

los rayos x

x-ray

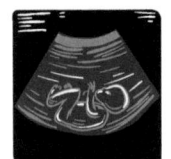

el ultrasonido

ultrasound

la mascarilla

face mask

la enfermedad

disease

la sala de espera

waiting room

la muleta

crutch

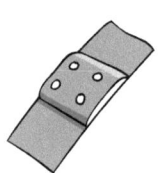

la vendita

plaster

el vendaje

bandage

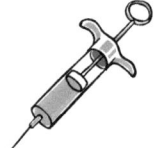

la inyección

injection

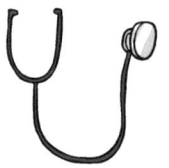

el estetoscopio

stethoscope

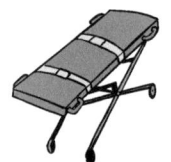

la camilla

stretcher

el termómetro

clinical thermometer

el nacimiento

birth

el sobrepeso

overweight

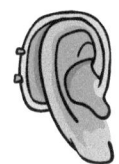

el audífono

hearing aid

el desinfectante

disinfectant

la infección

infection

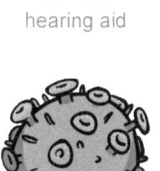

el virus

virus

VIH / SIDA

HIV / AIDS

la medicina

medicine

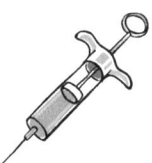

la vacunación

vaccination

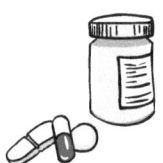

las tabletas

tablets

la pastilla anticonceptiva

pill

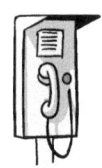

la llamada de emergencia

emergency call

el medidor de presión

blood pressure monitor

enfermo / sano

ill / healthy

¡Socorro!

Help!

la alarma

alarm

la agresión

assault

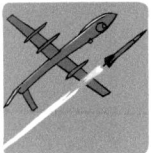

el ataque

attack

el peligro

danger

la salida de emergencia

emergency exit

¡Fuego!

Fire!

el extintor de incendios

fire extinguisher

el accidente

accident

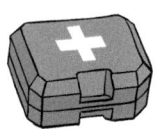

el botiquín de primeros
auxilios

first-aid kit

SOS

SOS

la policía

police

Europa

Europe

Norteamérica

North America

Sudamérica

South America

África

Africa

Asia

Asia

Australia

Australia

el Atlántico

Atlantic

el Pacífico

Pacific

el Océano Índico

Indian Ocean

el Océano Antártico

Antarctic Ocean

el Océano Ártico

Arctic Ocean

el polo norte

North pole

el polo sur

South pole

la Antártida

Antarctica

la tierra

earth

la tierra

land

el mar

sea

la isla

island

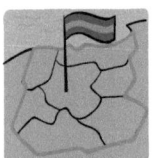

la nación

nation

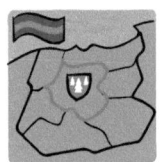

el estado

state

la esfera

clock face

la manecilla de las horas

hour hand

el minutero

minute hand

el segundero

second hand

¿Qué hora es?

What time is it?

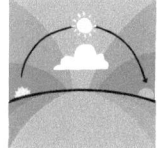

el día

day

la hora

time

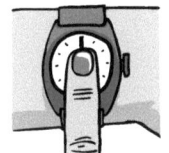

ahora

now

el reloj digital

digital watch

el minuto

minute

la hora

hour

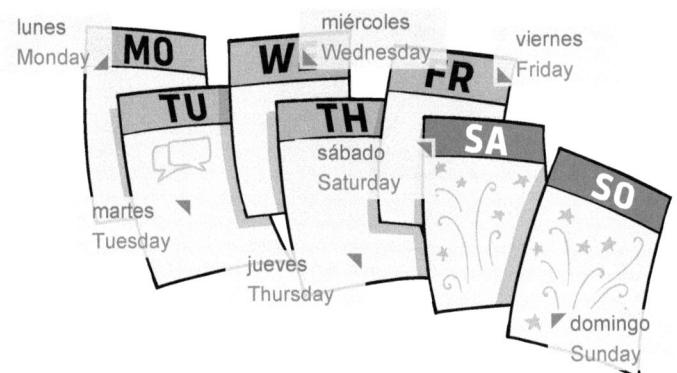

lunes
Monday

miércoles
Wednesday

viernes
Friday

martes
Tuesday

sábado
Saturday

jueves
Thursday

domingo
Sunday

ayer

yesterday

hoy

today

mañana

tomorrow

la mañana

morning

el mediodía

noon

la tarde

evening

los días laborables

workdays

el fin de semana

weekend

la lluvia
rain

el arco iris
rainbow

la nieve
snow

el viento
wind

la primavera
spring

el otoño
fall

el verano
summer

el invierno
winter

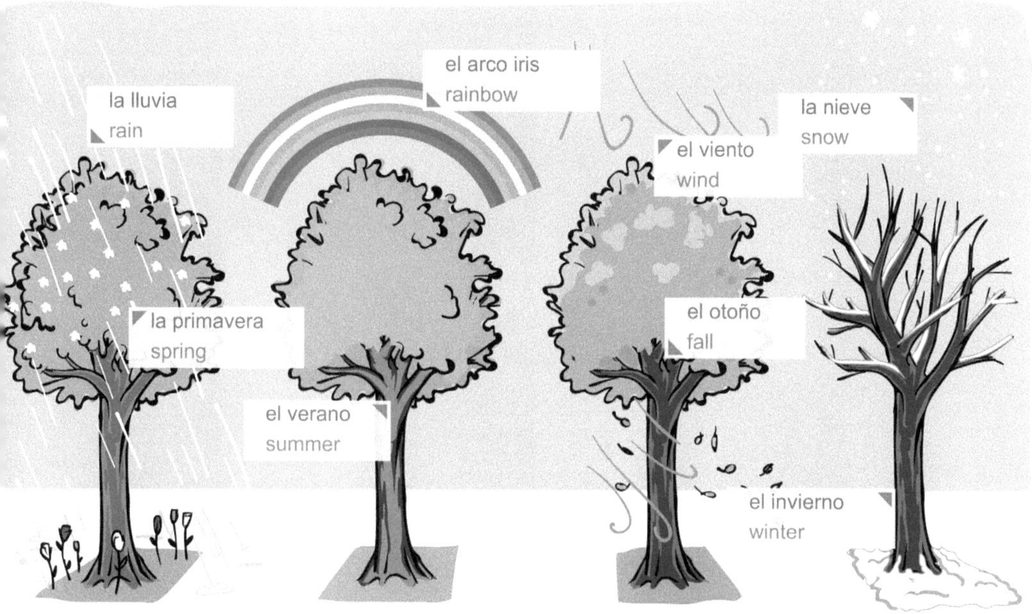

el pronóstico del tiempo

weather forecast

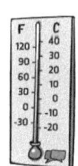

el termómetro

thermometer

el sol

sunshine

la nube

cloud

la niebla

fog

la humedad

humidity

el rayo

lightning

el trueno

thunder

la tormenta

storm

el granizo

hail

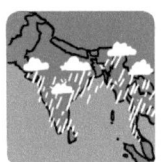

el monzón

monsoon

la inundación

flood

el hielo

ice

enero

January

febrero

February

marzo

March

abril

April

mayo

May

junio

June

julio

July

agosto

August

el año - year

septiembre

September

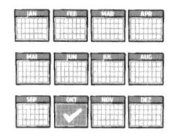

octubre

October

noviembre

November

diciembre

December

el círculo

circle

el cuadrado

square

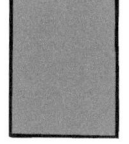

el rectángulo

rectangle

el triángulo

triangle

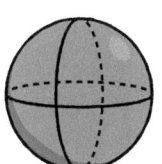

la esfera

sphere

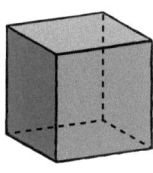

el cubo

cube

colores
colors

blanco

white

amarillo

yellow

naranja

orange

rosa

pink

rojo

red

morado

purple

azul

blue

verde

green

marrón

brown

gris

gray

negro

black

mucho / poco

a lot / a little

enojado / tranquilo

angry / calm

bonito / feo

beautiful / ugly

principio / fin

beginning / end

grande / pequeño

big / small

claro / oscuro

bright / dark

el hermano / la hermana

brother / sister

limpio / sucio

clean / dirty

completo / incompleto

complete / incomplete

el día / la noche

day / night

muerto / vivo

dead / alive

ancho / angosto

wide / narrow

comestible / no comestible

edible / inedible

malo / amable

evil / kind

entusiasmado / aburrido

excited / bored

gordo / delgado

fat / thin

primero / último

first / last

el amigo / el enemigo

friend / enemy

lleno / vacío

full / empty

duro / blando

hard / soft

pesado / ligero

heavy / light

el hambre / la sed

hunger / thirst

enfermo / sano

ill / healthy

ilegal / legal

illegal / legal

inteligente / tonto

intelligent / stupid

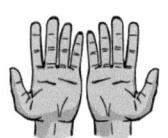

izquierda / derecha

left / right

cerca / lejos

near / far

nuevo / usado

new / used

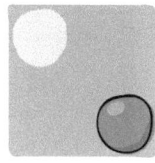

nada / algo

nothing / something

viejo / joven

old / young

encendido / apagado

on / off

abierto / cerrado

open / closed

silencioso / ruidoso

quiet / loud

rico / pobre

rich / poor

correcto / incorrecto

right / wrong

áspero / suave

rough / smooth

triste / contento

sad / happy

corto / largo

short / long

lento / rápido

slow / fast

húmedo / seco

wet / dry

caliente / frío

warm / cool

guerra / paz

war / peace

los opuestos - opposites

los números

numbers

0
cero
zero

1
uno
one

2
dos
two

3
tres
three

4
cuatro
four

5
cinco
five

6
seis
six

7
siete
seven

8
ocho
eight

9
nueve
nine

10
diez
ten

11
once
eleven

12
doce

twelve

13
trece

thirteen

14
catorce

fourteen

15
quince

fifteen

16
dieciséis

sixteen

17
diecisiete

seventeen

18
dieciocho

eighteen

19
diecinueve

nineteen

20
veinte

twenty

100
cien

hundred

1.000
mil

thousand

1.000.000
el millón

million

los idiomas

languages

el inglés

English

el inglés americano

American English

el chino mandarín

Chinese Mandarin

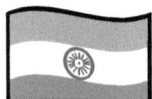

el hindi

Hindi

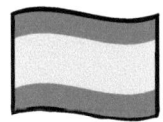

el español

Spanish

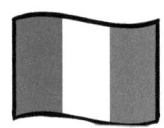

el francés

French

el árabe

Arabic

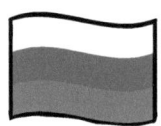

el ruso

Russian

el portugués

Portuguese

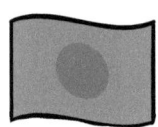

el bengalí

Bengali

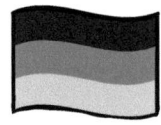

el alemán

German

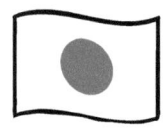

el japonés

Japanese

yo

I

tú

you

él / ella

he / she / it

nosotros

we

vosotros

you

ellos

they

¿quién?

who?

¿qué?

what?

¿cómo?

how?

¿dónde?

where?

¿cuándo?

when?

el nombre

name

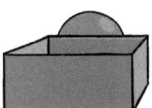

detrás

behind

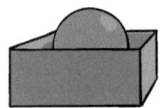

en

in

delante de

in front of

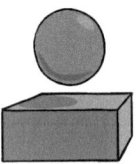

por encima de

over

sobre

on

debajo de

under

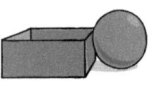

junto a

beside

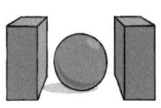

entre

between

el lugar

place